Pluto

fabula amoris

Rachel Ash
&
Miriam Patrick

Liber emendatus a
Laura Gibbs et Bob Patrick

Liber Parvus pro Prima Classe Latina

Pomegranate Beginnings Publishing

Pluto: a love story

ISBN 978-0692530818

Printed in the United States of America

Capitulum I - Pluto

ego sum deus. sum deus mortuorum. sum rex. sum rex mortuorum. nomen mihi est Pluto. nemo me amat. dei me non amant. mortales me non amant. nemo me amat. *sub (under)* terra habito. cum mortuis habito. dei in caelo habitant, ego sub terra. nemo *mecum (with me)* habitat. nemo sub terra habitare vult. sum tristis.

dei me puerum deridebant. mihi non placebat. fratrem habeo. Iuppiter vocatur. Iuppiter est rex mortalium. Iuppiter et dei me deridebant. Iuno, puella pulchra et soror mea, me deridebat. *iam (now)* dei sunt amici mei, *sed (but)* nemo me amat.

iam puer non sum. sum deus. sum rex. sed tristis sum. coniugem non habeo. coniugem habere volo: coniugem pulchram et sapientem. nolo coniugem stultam habere. sed nemo me amat. frater meus coniugem habet. Iuno vocatur et soror mea est. olim Iuppiter *rogavit (asked)*, "Pluto, frater, cur tristis es? amicos habes! stultus es! amicos et familiam habes!"

non sum stultus. Iuppiter est stultus. Iuppiter mihi non placet. Iuppiter multos amicos… minime… multas amicas habet. Iuppiter multas amicas habet et coniugem! Iuppiter me non intellegit.

eheu! nemo me amat: nec dei, nec mortales, nec mortui. nemo me amat. sed ego unam amo. una puella mihi valde placet. puella est pulchra. puella est sapiens. puella est optima. olim puellam in terra vidi. puella *flores (flowers)* sumebat et cum amicis ridebat. puella pulchrior est quam omnes deis. puella sapientior quam omnes deis. puella mihi placet. ego puellam amo. volo donum puellae dare, sed timeo.

Capitulum II - Proserpina

ego sum filia. ego sum dea. sum puella. nomen mihi est Proserpina. mater mea Ceres vocatur. mater est dea terrae. mater me amat. me márociter amat. mater mea est optima. matrem amo. eam ferociter amo. terram ferociter amo. terram et matrem et flores et amicas et animalia amo! patrem habeo. pater Iuppitur vocatur. pater in caelo habitat, sed in terra *laborat (works)*. pater meus mortales amat. mortales non amo. mortales terram necant. terram amo. mortales non amo.

amo in terra ambulare et flores sumere. flores amo ferociter! flores sunt pulchri. amo flores sumere et amo matrem mihi fabulas dicere. *olim (once)* mater me rogavit, "filia, Proserpina, visne te coniugem esse?"

matrem non intellegebam et rogavi, "quid rogas?"

mater *inquit (said)*, "Proserpina, mea filia, tu es puella. sed es puella pulchra et es dea. dei te volunt coniugem facere."

matrem intellexi et dixi me coniugem esse nolle.

"optime." mater mihi fabulam dicit. mater mea Iovem amabat, sed Iuppiter matrem meam non amavit. cur Iuppiter erat crudelis? mater Iovem non intellegebat. Iuppiter coniugem habebat et coniunx non erat mater. iam, mater neminem amat, sed me *solam (alone)*.

Capitulum III - Pluto

fratrem, Iovem, video. fratrem agito. frater in terra currit. currere mihi non placet, legere mihi placet. sed fratrem agito. frater est athleticus, ego non. ¨frater,” dixi, ¨coniugem habere volo.¨

frater respondet, "coniugem. quis erit?"

fabulam dico. puellam pulchram amo. puella est pulchrior quam omnes deae. volo eam coniugem facere.

Iuppiter ridet et inquit, "certe, frater. coniugem habebis. iam librum lege. volo currere."

Capitulum IV - Proserpina

eram exanimata. ubi sum? flores non video. terram non video. matrem non video. ubi est mater? mater! quid accidit?

flores sumebam. eram in terra cum amicis. flores sumebam et mortalem vidi. minime, non mortalem, deum vidi! eheu! misera sum! matrem videre volo! flores sumere volo! terram videre volo!

quid? quis? deum audio. deus ad me ambulat! eum timeo! eum video. estne monstrum? tristis est. deus nihil dicit. me spectat. rogo, “quis es? cur me cepisti? ubi est mater mea?” deus nihil dicit. deus mihi donum demonstrat. est *malogranatum (pomegranate)*. deus mihi donum dat et exit. donum in solum pono. nolo comedere.

Capitulum V - Proserpina

tres *menses (months)* cum deo habitabam. monstrum non est. eum non intellego, sed monstrum non est. Pluto vocatur. Pluto mecum considit cotidie. mihi malogronatum donum dat cotidie. et incipit mihi dicere. numquam me petit. numquam me tangit. mecum considit et mihi dicit. nolo donum capere, sed nolo eum tristem esse. et… eum amare incipio. matrem videre volo, sed malogranatum comedere volo.

mater mihi dixit deos monstra esse et me non amare. estne Pluto monstrum? sub terra non est horribilis. Pluto mihi flores dat et me amat. dei sunt athletici, Pluto non est. Pluto est sapientior quam omnes dei et libros mihi legit. Pluto canem habet. Cerberus vocatur. mortales et dei Cerberum timent, sed ego canem non timeo. canis me amat. Pluto amicum habet. Charon vocatur. mortales Charonem timent, sed ego Charonem non timeo. Charon et ego ridemus. matrem videre volo, sed laeta sum.

Capitulum VI - Pluto

eam, Proserpinam, amo. volo eam coniugem facere et eam amo. pulchra est. pulchra et sapiens est. eam specto. eam specto cum Cerbero et Charone. canis meus erat tristis. iam est laetus. Charon erat iratus. iam est laetus. et ego?

eram miser. numquam eram laetus. eam amo. laetus sum.

di immortales! quid est? Iuppiter Mercurium, amicum, misit. Mercurius mihi dixit Cerem filiam videre velle. quid est? miser sum *iterum (again)*. ad Proserpinam celeriter curro.

Capitulum VII - Proserpina

Iuppiter Mercurium misit sub terra. mater me videre vult! eheu! timeo. matrem amo, sed Plutonem ferociter amo. Mercurius mihi inquit, "Salve, puella! mater tua misera est. misera et irata est. nemo in terra est laetus. nemo ridet. flores sunt tristes. animalia sunt tristia. terra est tristis. ad matrem te iam duco."

eheu! nolo *sine (without)* Plutone habitare, nec in terra nec sub terra. quid accidit? matrem videre volui, sed iam cum Plutone habitare volo. laeta sum cum Plutone. Pluto mihi dicit et ridet. misera sum.

subito Plutonem specto. malogranatum in solo est. Pluto me spectat. consilium capio. malagranatam subito sumo.

Mercurium specto. Plutonem specto. malagronatum specto et comedo. Mercurius me spectans inquit, “Mehercle! te ad matrem duco!”

Pluto me spectat. “quid? malogranatum comedisti? cur?”

Plutonem specto et lente inquam, “Pluto, me cepisti in terra et habitabam sub terra tres menses. nolo habitare sine te. te amo, Pluto.”

Mercurius est iratus. ego sum laeta.

Capitulum VIII - Proserpina

coniugem videre volo. eum ferociter amo sed non possum cum Plutone habitare *semper (always)*. habito sex menses cum matre et sex menses cum coniuge. cum matre flores sumo et in terra curro. cum coniuge canem habeo et libros lego. cum matre sum puella. cum coniuge sum regina. cum matre flores sumo. cum coniuge amorem habeo. numquam sum tristis. *hodie (today)* coniugem video. laeta sum.

mortalem cum Plutone specto. mortalis est tristis. audio. mortalis miser est. coniunx mortalis est mortua. Eurydice vocatur. mortalis coniugem videre vult. mortalis fabulam habet et fabulam *cantat (sings)*. Pluto dixit se fabulam intellegere sed coniugem mortuam esse. ad Plutonem ambulo.

"Pluto, mitte puellam ad terram. commemores *(remember)* te olim puellam non habere." Pluto nihil dicit. Pluto me spectat et ridet. sum laeta.

Finis

Index Verborum

accidit happened

ad to/towards

agito, agitas, agitat chases

ambulo, ambulas, ambulat walk

amica friend/girlfriend

amicus friend/boyfriend

amo, amas, amat loves

amorem love

animal animal

athleticus athletic

audio, audis, audit hears

caelum sky

canis dog

canto, cantas, canta sings

capio, capis, capit take/capture

celeriter quickly

cepisti you captured

certe certainly

comedo, comedis, comedit eats

commemores remember

coniunx spouse

consido, considis, considit sits

consilium capio I have an idea

cotidie every day

crudelis cruel

cum with

cur why

curro, curris, currit runs

dea goddess

demonstro, demonstras, demonstrat shows

derideo, derides, deridet laughs at

deus god

di immortales immortal gods

dico, dicis, dicit say/tell

dies day

do, das, dat gives

donum gift

duco, ducis, ducit leads

eam her

ego I

eheu oh no

eram I was

erat he was

es you are

esse to be

est is

et and

eum him

exanimata unconscious

exeo, exis, exit leaves

fabula story

facere to make

familia family

ferociter fiercely

filia daughter

flos flower

frater	brother
habeo, habes, habet	has
habito, habitas, habitat	lives
Hercle, mehercle	By Hercules!
horribilis	horrible
iam	now
in	in
incipio, incipis, incipit	begins
inquam, inquit	said
intelligo, intelligis, intelligit	understands
Iovem	Iuppiter
iratus	angry
iterum	again
laboro, laboras, laborat	works
laetus	happy
lego, legis, legit	reads
lente	slowly
liber	book
malogranatum	pomegranate
mater	mother
me	me
mea	my
mecum	with me
mihi	to me/my
minime	no
miser	miserable
misit	sent
mitte	send
monstrum	monster
mortales	mortals/humans
mortuus	dead
multus	many

nec	not
neco, necas, necat	kills
nemo	no one
nolle	to not want
nolo, non vis, non vult	not want
nomen	name
non	not
numquam	never
olim	once
omnes	all
optima	awesome/amazing
pater	father
peto, petis, petit	attacks
placet, placent	is pleasing
possum	I am able
praeter	except
puella	girl
puerum	boy
pulchra	pretty/beautiful
pulchrior	prettier
quam	than
quem	whom
quid	what
quis	who
regina	queen
respondeo, respondes, respondet	responds
rex	king
rideo, rides, ridet	laughs
rogo, rogas, rogat	asks
salve	hello
sapiens	wise
se	he

secum	with him
sed	but
semper	always
sine	without
solum	floor
soror	sister
spectans	watching
specto, spectas, spectat	watches
stultus	stupid
sub	under
subito	suddenly
sum	I am
sumo, sumis, sumit	pick up
sunt	they are
tango, tangis, tangit	touches
te	you
terra	earth
timeo, times, timet	fears
tres	three
tristis	sad
tu	you
tua	your
ubi	where
una	one
valde	very much
video, vides, videt	sees
vocatur	is called
volo, vis, vult	wants/wishes

Acknowledgements

When Rachel and I decided to write this novella, we were trying to fill a need we felt we had as teachers of Latin students. We knew we wanted to write something that was meaningful to us, but that also could be used by others. We wanted a novella that our students would find compelling and that would fit teachers' many needs.

We settled on the mythology surrounding a pair of deities close to both of our hearts: Pluto and Proserpina, god and goddess of the Underworld. I have long enjoyed the mythology surrounding these two and became even more interested in them when my art history teacher in college described them as the royal couple opposite of Jupiter and Juno. Where Jupiter and Juno were bright and heavenly, Pluto and Proserpina were dark and "Underworldly". Juno was accompanied by peacocks, Proserpina by pomegranates and Cerberus. More intriguing than all this, however, was the pull of the mystery of this love story and just what happened when Proserpina was kidnapped by Pluto.

Our story has a slightly different spin that most we've read. Pluto is not the menacing, daunting man often seen, but rather misunderstood and lonely. Proserpina is not a wholly innocent and unsuspecting girl, but rather one who takes control of her own destiny.

Our version is meant to be a Latin I reader with accompanying pictures, and it contains a complete glossary in the back in alphabetical order. Our hope is that teachers and students alike enjoy this version of the myth of Pluto: a love story.

There are some people we'd like to acknowledge in this work. After writing and rewriting, two people stepped forward to help us edit and review our story. Bob Patrick and Laura Gibbs not only edited our story for errors and typos, but also provided invaluable feedback for our story, its comprehensibility, and how compelling readers would find it. To them we give our unending thanks.

Miriam Patrick

September 6, 2015

Made in the USA
Lexington, KY
12 February 2016